Mi día … e

por Alison Blank

Scott Foresman
is an imprint of

PEARSON

Glenview, Illinois • Boston, Massachusetts • Chandler, Arizona
Upper Saddle River, New Jersey

Yo encontré una moneda de un centavo.

Yo encontré un trébol.

Yo encontré un insecto.

Yo encontré un nido.

Yo encontré una flor.

Yo encontré un gatito.

Yo encontré un amigo.